Etude de Me DABURON, notaire à Brézé.

(517-5)

LES

Nobles Prisonnières

OU

LE CHATEAU DE MONTREUIL.

LES

NOBLES PRISONNIÈRES

OU LE

Château de Montreuil

PAR

A. B.RUNEAU

SAUMUR,

IMPRIMERIE DE P. GODET, PLACE DU MARCHÉ-NOIR, N° 1.

1865.

AVANT-PROPOS.

Un petit mémoire, publié il y a cinq à six ans dans l'un des journaux du département de Maine-et-Loire (1), révéla des détails inédits sur les massacres de Doué. On sait comment des malheureux proscrits furent amenés d'Angers, enfermés dans les carrières, où ils périrent presque tous, décimés par la faim, par la maladie et plus encore par le fer du bourreau. Ces proscrits appartenaient aux plus nobles familles de la province; leur position de fortune, leurs opinions politiques et peut-être aussi leurs rapports avec les émigrés, les avaient rendus suspects; ils furent cruellement traités.

Voilà ce que l'auteur du mémoire a pris la peine de nous apprendre: mais ce que l'on ne

(1) *L'Union de l'Ouest*.

sait pas, c'est que les femmes et les filles de ces nobles victimes eurent un sort à peu près semblable. Ce sont les détails de leurs souffrances que je me propose de raconter.

Les faits consignés dans mon mémoire sont de la fin du dernier siècle, il est vrai, mais à cinquante ou soixante ans de distance, on peut se souvenir encore de bien des choses; on trouve encore des témoins.

C'est à Montreuil-Bellay et non pas à Doué, que se passèrent les évènements. Dans l'espace de cinq ans, j'ai vécu au milieu des hommes les plus capables de me donner des renseignements positifs (1). Les témoignages me venant de plusieurs sources différentes, j'ai pu les comparer ensemble, discuter avec les témoins eux-mêmes, afin d'assurer mieux leur authenticité. A Montreuil je trouvai, encore existants, quelques-uns des anciens commissaires de la prison.

Entr'autres, il me fut donné d'avoir des rapports intimes avec un homme très-estimable, appartenant à l'une des principales familles

(1) Depuis l'an 1845, jusqu'à l'an 1850.

de la ville, M. Estienvrin (1), qui demeura longtemps commissaire des prisonnières, et qui y resta le dernier. Une éducation en rapport avec sa fortune le mettait à même de me renseigner parfaitement.

Enfin, une noble dame de la famille de Terves, Mme de Laroche-St-André (2), fut pour moi d'un grand secours, lorsque j'entrepris de recueillir les faits.

Victime elle-même, sous la Terreur, avec les autres dames nobles de l'Anjou, elle avait traversé les mille dangers, où tant d'autres ont succombé. De cette grande armée de femmes dont je voulais raconter l'histoire, elle seule vivait encore.

Cette dame, emprisonnée à l'âge de dix-huit ans, avait tout vu, elle avait souffert comme les autres; elle voulut bien ouvrir une correspondance avec moi. Correspondance précieuse, dans laquelle elle raconte elle-même son martyre et celui des autres victimes disparues dans

(1) Son père fut assez longtemps maire de Montreuil.

(2) Mme de Laroche-St-André, née Caroline de Terves.

la tourmente, sans laisser aucune trace ni aucun indice de la route qu'elles avaient prise, ni des tortures qu'elles avaient endurées (1).

Peut-être on me saura gré d'avoir révélé des détails jusqu'ici absolument inconnus, détails qui allaient se perdre, à mesure que disparaissaient les seuls témoins capables de nous édifier.

M. Estienvrin et d'autres personnes m'ayant déjà révélé bien des choses, j'écrivis à Mme de Laroche-St-André, qui me fit l'honneur de me répondre la lettre suivante, en date du 2 décembre 1849.

« Nantes, rue Royale,

» Je viens, Monsieur, de recevoir votre lettre du 27 novembre, relative au mémoire que vous faites, concernant les malheureuses prisonnières et victimes qui ont succombé dans le château de Montreuil-Bellay, où moi-même j'ai versé tant de larmes ! Malgré les longues années

(1) Ces lettres sont datées du château du Margat, Châteauneuf, ou bien de Nantes, 1849 et 1850.

qui se sont écoulées depuis cette fatale époque, j'ai conservé particulièrement le souvenir des angoisses, des peines, des souffrances d'une mère chérie et de sœurs que j'aimais (et que j'y ai perdues), pour pouvoir vous en donner une idée. Mais comme M. Estienvrin est là, près de vous, je craindrais de vous répéter ce qu'il a vu lui-même. Ce seraient des redites peu intéressantes pour vous.

» Je préfère donc, comme vous me le proposez, de répondre aux questions que vous me ferez, et, autant qu'il sera en mon pouvoir, je satisferai à vos demandes.

» Agréez, etc.

» CAROLINE DE LAROCHE-ST-ANDRÉ,

» née DE TERVES. »

Je ne citerai pas textuellement toutes les lettres de Mme Laroche-St-André, parce que les détails qu'elle me donne ont souvent besoin d'être complétés par d'autres renseignements. Bien que sa correspondance fasse le fond même de l'ouvrage, Mlle Caroline n'a pu tout voir; puis il se trouve souvent des circonstances que sa modestie aurait pu taire et qui nous fussent échappées.

Je ne dois pas omettre, non plus, que les registres de l'état-civil de Montreuil-Bellay, m'ont aussi fourni des documents certains. Ces documents m'ont aidé puissamment pour constater les faits, pour reconnaître les noms des malheureuses victimes. Ces registres sont là comme des témoins incorruptibles et qui ne sauraient mentir.

LES

NOBLES PRISONNIÈRES

OU

Le Château de Montreuil.

CHAPITRE Ier.

Mesures préventives.

Vers le commencement de l'année 1793, au milieu des troubles civils de la province d'Anjou, on vit paraître un décret concernant les familles les plus opulentes et surtout les plus nobles des environs d'Angers. Ce décret les obligeait à quitter leurs châteaux et leurs maisons de campagne, pour se retirer dans la ville, où, disait-on, elles trouveraient plus de sécurité.

L'insurrection, grossissant tous les jours, avait pris des proportions formidables ; à chaque instant les bandes se trouvaient aux prises avec les Républicains. Mais le véritable motif de cette mesure était qu'on avait peur de voir les châteaux servir de refuge aux révoltés. Ceci ne donna pas d'inquiétude aux Angevins ; il n'y avait là rien de dangereux en apparence, presque tout le monde obéit.

Au mois de juillet suivant, deux représentants vinrent à Angers, pour s'opposer aux mouvements réactionnaires et chercher un moyen d'étouffer l'insurrection.

Une véritable armée se formait dans le Bocage, la République allait se trouver en face d'une résistance sérieuse : il fallait aviser.

La ville d'Angers, elle-même, comptait de nombreux suspects : ses prisons étaient pleines de gens plus ou moins compromis, qui, dans les circonstances actuelles, devenaient un embarras. D'un autre côté, les vivres manquaient, soit parce que les convois ne pouvaient arriver jusqu'à la ville, soit parce que les habitants des campagnes se montraient peu sympathiques à l'état actuel des choses.

J'ignore quel fut le résultat de l'enquête faite par les deux représentants, mais je sais qu'une sourde inquiétude continua de régner dans les familles, sans que personne songeât à prendre aucune mesure pour se mettre en sûreté.

Le 4 novembre, au soir, arrive un ordre d'arrêter immédiatement tous les suspects enfermés dans la ville d'Angers. Aussitôt les patriotes se lèvent, toutes les milices sont réunies à la hâte : des mouvements de troupes ont lieu de toutes parts et bientôt les paisibles habitants s'aperçoivent que les rues sont cernées. Personne ne passe, personne ne peut plus sortir de sa maison.

Une commission, nommée à cet effet, procéda par rue, par numéro. Malheur alors à celui qui n'est pas reconnu patriote ; malheur à celui qui porte un nom aristocratique, ou qu'une dénonciation secrète a déjà fait connaître au District. La commission frappait à toutes les portes, enlevait à l'instant même les habitants : les hommes, les femmes, les enfants et jusqu'aux domestiques.

Beaucoup de rues devinrent ainsi désertes ; on n'y voyait plus circuler que quelques rares habitants. Les proscrits étaient en si grand nombre, qu'on ne savait plus où les enfermer. Comme un troupeau de moutons, les soldats poussaient devant eux cette multitude, que l'on gardait à vue, sur les places, jusqu'à ce que le lieu de leur internement fût désigné.

Les couvents et les abbayes étaient vides, ils pouvaient servir de prison; les proscrits y furent déposés. A St-Aubin, surtout, on réunit un fort grand nombre de personnes de tout sexe et de toutes conditions. Cette mesure violente n'était que le prélude d'autres mesures beaucoup plus rigoureuses encore, qui devaient avoir lieu dans la suite. Ces malheureux étaient des victimes vouées au sacrifice, il ne s'agissait plus que de trouver un moyen de les immoler.

CHAPITRE II.

Jugement.

Plusieurs semaines se passèrent avant qu'on eût le temps de mettre un peu d'ordre dans les prisons. A St-Aubin, c'était un pêle-mêle affreux. Bien que l'espace fût vaste, l'encombrement était tel, que l'on pouvait à peine circuler.

Un état de choses semblable ne pouvait longtemps subsister. On résolut de mettre à part toutes les femmes ; il s'en trouva quinze cents, qui furent conduites aux Cordeliers et enfermées dans la chapelle du couvent. Cette chapelle était trop petite pour contenir un pareil nombre de personnes.

Les prisonnières y furent encore plus mal qu'à St-Aubin. Afin de rendre la surveillance plus facile, on avait voulu les réunir toutes ensemble dans cet espace étroit; mais elles étaient si serrées, que chacune avait à peine la place nécessaire pour s'asseoir à terre et pour s'y coucher. De plus, la garde était sévère, on ne laissait pas même sortir pour satisfaire aux besoins les plus pressants. Avec de semblables mesures, il est facile de comprendre combien cette prison devint infecte; à l'air déjà vicié par une si grande multitude, se mêlait une odeur épouvantable qui constituait un véritable danger.

Les prisonnières étaient là depuis quarante-huit heures, sans qu'aucune distribution de vivres eût été faite; aux horreurs d'une pareille demeure, allait se joindre encore le tourment de la faim! Il est vrai, toutes ces femmes étaient d'une résignation admirable. Un seul sentiment dominait, c'était l'inquiétude; on ne songeait pas même à manger. Cependant des amis, des serviteurs fidèles, purent, à force d'argent, faire passer du pain dans la prison. Alors, celles qui obtenaient quelque chose, en distribuaient la plus grande partie autour d'elles, et le peu que chacune recevait devait suffire, en l'absence de toute autre ration.

Il faut observer, que toutes ces rigueurs

s'exerçaient sur des personnes inoffensives et sans aucune espèce de jugement. Pas une seule de ces captives n'avait l'ombre d'un crime ; elles s'imaginaient même qu'on ne pourrait trouver un prétexte pour les condamner.

La troisième nuit, à une heure avancée, un mouvement inaccoutumé se fait entendre aux abords de la prison. La garde prend les armes, la porte s'ouvre, les tambours battent aux champs ! Que signifient ces manœuvres ? Que va-t-il arriver ? C'est ce qu'on se demande, parmi les prisonnières; toutes se lèvent avec une précipitation mêlée d'inquiétude. La porte était ouverte, des soldats entrent, tenant d'une main le sabre nu et de l'autre une torche allumée. Derrière eux, suivent trois citoyens, coiffés du bonnet rouge et auxquels les soldats, en passant, rendent les honneurs.

Ce sont des juges, ou en d'autres termes, une commission militaire nommée pour expédier plus vite les malheureux proscrits.

Les trois sans-culottes, à défaut de tribunal, montent sans-façon sur l'autel, qui subsistait encore. Ils s'asseyent à la place du tabernacle, pour juger, delà, toute cette multitude qu'ils avaient devant eux.

Figurez-vous ces trois hommes dans cette attitude, éclairés seulement par quelques torches aux mains des soldats : et devant eux en face de l'autel, sous ces sombres voûtes, quinze cents malheureuses femmes, toutes debout, inquiètes et tremblantes, au milieu d'un silence effrayant. Le cœur serré, l'oreille attentive, chacune retient jusqu'à son haleine, pour mieux entendre ce que vont dire ces hommes, deviner le sort qui les attend. Mais ils avaient un langage tout extraordinaire, des expressions nouvelles, eux seuls se comprenaient. Seulement, leurs plaisanteries indécentes, leurs mauvaises manières, trahissaient quelquefois le mystère et laissaient entrevoir des intentions sinistres ; il tardait de voir arriver ce jugement.

Les nouveaux juges, munis d'une liste dressée d'avance, appelèrent devant eux, dans le sanctuaire et successivement, chacune des prisonnières, les obligeant à décliner leur nom, leur qualité, leur âge, et les condamnant toutes, sans autre forme de procès. Deux personnes seulement échappèrent aux impitoyables juges : Mme de Chemellier et sa belle-sœur Mme de Buzelet. Ces dames furent réclamées par d'anciens serviteurs, qui trouvèrent le moyen de les soustraire à la mort. Toutes les autres durent se soumettre à la *juste* sentence ; ce tribunal jugeait sans appel.

Malgré la brièveté des interrogatoires, la séance fut longue ; le nombre des prétendues coupables était si grand ! Vers les onze heures du soir, les citoyens-juges ayant terminé leur séance, toutes les condamnées furent séparées en deux colonnes à peu près égales. Il fallait partir, chaque prisonnière prit son petit bagage sous le bras. La première colonne sortit entre deux haies de baïonnettes, et serrées de près. Quelle direction prit-elle ? Je l'ignore, mais elle disparut.

La seconde colonne, composée d'environ huit cents femmes, restait encore ; mais il lui fallut aussi se mettre en marche : nous marcherons avec elle et nous la suivrons jusqu'au bout.

CHAPITRE III.

Les derniers adieux.

Pour faire sortir cette dernière colonne, les précautions redoublaient. En effet, à mesure que les prisonnières sortaient, il leur fallait se ranger sur plusieurs rangs, de manière à occuper le moins de terrain possible : c'était ce que, dans le langage militaire, on nomme une colonne serrée.

Une escorte plus que suffisante les enveloppait de toutes parts. Au signal donné, tout s'ébranle, on se met en marche à petit bruit; les clairons et les tambours avaient été mis de côté. Ces pauvres femmes furent dirigées par des rues silencieuses qu'elles ne distinguaient guère dans l'obscurité de la nuit. Où les conduisait-on ? Personne n'avait pris la peine de le leur dire : c'était sans doute à la mort ! Quelques-unes priaient, d'autres versaient des larmes, toutes se recommandaient à Dieu.

Après dix minutes de marche, elles arrivèrent devant la cathédrale (St-Maurice) dont la porte était ouverte déjà. Dans l'intérieur de l'église, elles aperçoivent des torches, elles y entendent un tapage effrayant. Victimes vouées au sacrifice, elles entrèrent sans trop de crainte ; c'était la maison de Dieu. Mais dans la nef on avait amassé de nombreux tas de paille : des hommes, à grands coups de hache, brisaient, comme des furieux, les confessionnaux, les bancs et les boiseries.

C'était quelque chose d'affreux ! Evidemment, se disaient les condamnées, on nous a fait venir ici pour nous faire brûler vives : ces pailles vont servir pour allumer les flammes et les boiseries que l'on brise vont être le bûcher !

Plus d'une heure se passa dans ces terribles angoisses : il était minuit, lorsque par l'une des portes latérales de l'église, on vit entrer un certain nombre de personnes ayant la tenue révolutionnaire. C'étaient des femmes ! Leur apparition subite et leurs allures suspectes inspirèrent aux prisonnières un certain effroi. Les citoyennes portaient dans leurs mains de gros paquets de cordes, dont l'aspect n'avait rien de bien rassurant. Certains préparatifs eurent lieu d'abord, puis, au signal donné, elles se jetèrent sur les condamnées pour les attacher deux à deux par le bras.

Ensuite, une grande corde fut étendue de long et à cette corde les couples furent fixées de manière à ôter toute idée d'évasion.

Lorsque toutes ces malheureuses furent ainsi attachées, un sans-culotte saisit de ses deux mains l'extrémité de la corde en avant et tirant de toutes ses forces, comme s'il avait voulu traîner toute la colonne, il les dirigea vers la grande porte qui donne sur le parvis. Cette porte étant toujours ouverte, le défilé commença.

Mais en arrivant sur la place, que voient les prisonnières! D'un côté les troupes rangées sous les armes, de l'autre la guillotine sur un chariot; puis quatre pièces de canon chargées à mitraille, en face desquelles on les fait ranger : appareil terrible qui produisit sur l'esprit de ces pauvres captives une bien vive impression.

Pourquoi leur faire endurer ces tortures? Pourquoi les traîner ainsi d'une station à une autre, avec l'image de la mort en présence: pourquoi? On l'ignore. Mais les faits sont attestés par une dame qui se trouvait alors au nombre des prisonnières (1). Attachée à la même corde, elle assista aux diverses scènes de cet horrible drame, de cette longue agonie.

Bientôt les malheureuses condamnées furent rangées; on allait partir, des soldats choisis pour l'escorte étaient commandés par un chef, auquel on donna des instructions (2). Le convoi fut ordonné comme il suit : à la tête s'avançaient la guillotine et les canons, accompagnés de la commission militaire; puis suivaient les prisonnières, entre deux haies de baïonnettes; le reste de l'escorte fermait la marche et enserrait les pauvres femmes dans un cercle de fer.

Il pouvait être une heure du matin. La nuit était toujours sombre et la température assez

(1) Mme de Laroche-St-André.

(2) L'une de ces instructions était de faire fusiller sur la route même celles qui ne pourraient ou qui ne voudraient pas marcher. (Caroline de Terves).

froide ; mais les condamnées y firent peu attention ; leur âme, surexcitée par de si terribles impressions, maintenait en elles une agitation fiévreuse qui les soutenait dans cet affreux moment. Le grand air leur fit même un peu de bien, au sortir d'une prison infecte. Ici, du moins, elles se trouvent plus à l'aise, elles respirent un air plus pur. Comme après un songe effrayant, l'on se trouve hors de soi-même : l'esprit fatigué se repose, le calme revient dans notre esprit, ainsi les prisonnières peu à peu se rassurent, voyant la manière dont se tournaient les choses : on ne les massacre pas, on les conduit dans la direction des Ponts-de-Cé.

Mais sur la route, on remarqua une chose capable de donner de l'inquiétude ; les citoyens de la commission militaire discutaient avec vivacité. Assis sur le même chariot qui portait la guillotine, ils proféraient des cris peu rassurants. Leurs blasphèmes, les rires sataniques qu'ils faisaient entendre parfois au milieu des ténèbres, avaient quelque chose de lugubre. La joie de ces démons était un mauvais présage, on devait s'attendre à quelque malheur.

Cependant on cheminait toujours, le convoi arriva bien vite aux Ponts-de-Cé. Là on fit une halte; les commissaires entrèrent dans une taverne, et au milieu de leurs libations ils décidèrent qu'on jetterait toutes ces femmes à la Loire, pour s'en débarrasser! C'était là l'objet de leurs discussions sur la route, et cette décision devenait un arrêt.

La colonne se remet donc en marche vers la grande Loire, jusqu'à l'endroit où les eaux sont plus profondes. Là on s'arrête encore, hélas! peut-être pour la dernière fois! Les commissaires qui avaient suivi vont et viennent dans les rangs des soldats; ils vont aux officiers, des officiers au commandant lui-même; ils veulent que l'on jette toutes ces femmes par-dessus le parapet du pont!... Mais les soldats refusent de se prêter à cette indigne manœuvre; elle répugne à l'honneur français, à l'honneur militaire. C'était une lâcheté. Deux fois on fait passer sur le même pont les prisonnières, deux fois on les ramène, toujours en excitant les soldats; mais ce fut inutile. Ni les officiers, ni le commandant lui-même ne voulurent prendre sur eux la responsabilité d'une semblable exécution. Les commissaires n'osèrent pas se faire bourreaux eux-mêmes, peut-être qu'une certaine honte aussi les retint.

Enfin, de guerre lasse, on ramène le convoi hors de la ville, du côté de St-Aubin : alors les malheureuses condamnées furent toutes réunies dans un seul groupe devant la bouche des canons ! On voulait absolument en finir avec elles. C'était facile : deux ou trois décharges suffisaient pour cela. Mais les canons sont chargés, les artilleurs sont à leurs pièces, ils tiennent en main leurs mèches fumantes et ils refusent d'obéir (1) !...

Les commissaires voyant qu'on méprisait leurs ordres, se retirèrent furieux et proférant des menaces contre tout le monde. Mais l'armée était tout alors, et le soldat sous les armes devenait le citoyen le plus indépendant.

(1) Mlle Caroline de Terves était là présente, attachée à la même corde et devant les canons, comme elle l'atteste dans sa deuxième lettre du 10 décembre.

Toutes ces choses se passaient pendant que les habitants étaient ensevelis dans le sommeil. Les commissaires disparus, le commandant fit rentrer le convoi dans la ville, à l'entrée de laquelle se trouvait une église capable de contenir tout son monde et lui permettre d'attendre le lever du jour. Il était trois heures du matin.

Les portes de l'église St-Aubin furent ouvertes ; mais avant d'y faire entrer les prisonnières, les soldats les voyant fatiguées et toutes haletantes, à cause des marches et des contremarches qu'on leur avait fait subir, osèrent leur donner des marques d'intérêt. Ils prirent les baquets d'une auberge voisine et puisant dans la Loire, ils vinrent présenter à boire dans les rangs. Plusieurs en acceptèrent pour calmer une soif brûlante occasionnée par l'inquiétude et par l'agitation. C'était le premier adoucissement qu'elles trouvassent dans leur infortune, et elles le recevaient de ceux-là même qui devaient être leurs bourreaux.

Pauvres femmes, elles étaient bien tristes ! de sinistres pensées sans cesse occupaient leur esprit. Que voulait-on faire d'elles ainsi attachées à une corde ? Où les conduisait-on ? C'était une question qu'elles ne pouvaient résoudre, et là tout près se trouvait la Loire, où on avait voulu les jeter.

L'heure avancée et le besoin de faire reposer les gens de l'escorte, firent qu'on ne prit pas la peine de délier les prisonnières ; elles entrèrent dans l'église, attachées comme elles l'étaient sur la route et au moment du départ. Ces liens rendaient leur position extrêmement pénible, tous leurs mouvements étaient gênés, soit pour s'asseoir, soit pour se coucher sur ces dalles froides et humides ; elles n'avaient pas même la botte de paille que l'on accorde au condamné.

J'ignore si ces malheureuses s'endormirent dans cette affreuse position, ce que je sais, c'est que leur conscience pure et tranquille ne devait pas les troubler. Dieu connaissait leur innocence et avec le sommeil, il dut verser dans leur âme cette énergie qui résiste aux plus horribles tortures et qui montre au monde la vertu triomphante, même dans la mort.

A peine le jour commençait à poindre, voilà

que le tambour bat, les soldats prennent les armes, il fallait partir.

Les prisonnières se lèvent toutes ensemble; elles ont à peine le temps d'adresser à Dieu une courte prière; la porte s'ouvre, on les fait défiler. A mesure qu'elles sortent dans la rue, la colonne se forme dans le même ordre que la veille, il n'y avait de moins que la commission militaire; elle avait pris les devants, comme nous le verrons plus tard.

C'était au mois de décembre, par un temps humide et froid; la colonne s'avançait assez lentement, les prisonnières avaient de la peine à se faire à cette marche embarrassée.

En passant sur la grande Loire, chacune mesura de l'œil la profondeur du fleuve en cet endroit choisi des commissaires quelques heures auparavant. Un sentiment d'effroi glaça tous les cœurs, il tardait à toutes de s'éloigner de ces lieux.

Pendant que le convoi traversait la ville des Ponts-de-Cé, les habitants, attirés par la nouveauté du fait, accouraient sur le passage, et ce fut là qu'on put reconnaître et compter ces malheureuses victimes de la révolution. C'étaient d'excellentes mères de familles, des dames d'une grande noblesse, des jeunes personnes élevées chrétiennement par des mères vertueuses, des servantes arrêtées avec leurs maîtresses, ou qui s'étaient livrées elles-mêmes pour les servir. On y voyait aussi beaucoup de paysannes des communes de Vezins, Trémentines, Coron, La Tour-Landry, etc., dont les maris ou les frères avaient pris parti dans l'insurrection vendéenne; mais qui ne savaient guère, elles-mêmes, ce que c'était qu'une opinion politique ou une révolution. On trouva que dans cette colonne il y avait huit cents femmes toutes à pied et toutes garottées comme nous l'avons vu.

On remarquait surtout les dames nobles également enchaînées : l'une avec sa domestique, l'autre avec une paysanne, d'autres deux ensemble et obligées de marcher avec les autres et comme les autres, sans oser même se plaindre ni réclamer aucun adoucissement.

Le chef avait donné l'ordre de tuer sur le champ celle qui ne pourrait ou ne voudrait pas marcher.

Un témoin (1) oculaire, l'une des victimes, dans cette armée de femmes, m'a donné les noms d'un bon nombre d'entr'elles : là se trouvaient Mme Duvergier, née de la Perraudière....., Mme de Juigné....., Mme de la Grandière....., Mlle de la Selle....., Mlle de la Genevraie....., Mme de Falloux du Coudray, née d'Etriché....., Mme de la Chevallerie....., Mme de la Cressonnière....., Mme de Chevreuse....., Mlle de Wassé sœur de cette dernière....., Mme de la Pommeraie....., Mme de Belfonts....., Mme de Pissonnet....., Mme de Grignon....., Mme de Terves avec ses cinq filles....., Mlle Hiret de Châteauneuf....., Mlle Hiron de la Vendée....., Mme Martin de la Pommeraie....., deux dames religieuses de Notre-Dame de La Flèche, appartenant à la famille de Colasseau (2). Une excellente dame Rousseau, d'Angers; plusieurs femmes dont les maris se sont distingués dans la guerre de la Vendée : telles que la femme

(1) Mlle Caroline de Terves, depuis Mme de Laroche-St-André.

(2) Je n'ai pu joindre au nom le titre de noblesse parce qu'il me manquait.

Boiteau, la femme Poissonneau. Je dirai dans la suite et à mesure ce que j'ai pu recueillir sur chacune de ces dames, c'est-à-dire leur long et terrible martyre : on le verra bientôt.

Lorsque la Loire fut passée, on vit la tête de colonne qui gravissait péniblement la butte d'Erigné. Au sommet de cette colline se trouve le plateau qui domine toute la Loire et même toute la vallée. Là on fit une halte, pour reposer un peu les prisonnières et pour donner à quelques soldats traînards le temps d'arriver. Plusieurs des dames nobles pouvaient, de là, voir dans le lointain, le sommet des tourelles de leurs châteaux gothiques, à côté du clocher du village : la fureur révolutionnaire ne les avait pas encore détruits !

Le premier de leurs aïeux l'avait bâti, ce château, pour lui donner son nom couvert de gloire : elles y avaient passé les plus beaux jours de leur enfance et elles le voyaient, hélas ! pour la dernière fois. Naguère heureuses au sein de la fortune, elles aimaient à répandre les bienfaits autour d'elles ; aujourd'hui captives, on les traîne enchaînées, on les harcelle, on veut les mettre à mort. Oh mon Dieu ! vous aimez l'innocence, vous sauverez celles qui espèrent en vous.

Occupées de ces tristes pensées, les nobles dames tenaient leurs yeux attachés sur ces lieux chéris dans le silence de l'extase, quand retentit, tout-à-coup, le signal du départ. Le dernier regard fut un dernier adieu, et la colonne défila vers Brissac dans l'ordre accoutumé.

D'Erigné à Brissac la route est monotone, aussi nos voyageuses commencèrent à sentir tout ce qu'avait de pénible une semblable manière de voyager. Beaucoup d'entr'elles, élevées délicatement, n'avaient jamais fait à pied une route aussi longue. Se plaindre était parfaitement inutile, il n'y avait là personne qui pût les soulager. Marcher ou mourir était le mot d'ordre du commandant ; il le répétait sans cesse et il était homme à le faire exécuter.

Cette menace donna du courage à plusieurs, qui, déjà tout accablées de fatigue, se traînaient péniblement, s'appuyant sur celles qui partageaient leur chaîne et marchaient à côté. Ainsi, tant bien que mal, on finit par arriver à Brissac. Là se trouvait la deuxième station.

Brissac n'avait point de prisons assez vastes pour contenir une si grande multitude; on descendit au château. Cette ancienne demeure des ducs était dévastée, ses portes enlevées, sa toiture mal en ordre; il fallut se réfugier dans les cuisines souterraines pour y passer la nuit.

La grande corde seulement fut enlevée; des soldats furent mis partout en sentinelle, et l'on dut se résoudre à dormir sur le pavé. A Brissac, on distribua des vivres pour la première fois. Chacune des prisonnières reçut un pain de munition. Mais un pain tellement noir et de confection si mauvaise que beaucoup d'entr'elles ne purent en manger.

Les dames qui avaient un peu d'argent, supplièrent leurs gardes et obtinrent la permission de faire acheter au dehors quelque chose d'un peu plus convenable à leur extrême fatigue. La conduite que ces militaires avaient tenue envers elles, aux Ponts-de-Cé, les avait enhardies. Puis, à mesure qu'on s'éloignait du tribunal révolutionnaire, à mesure aussi, les chefs devenaient moins intraitables à leur égard.

La nuit se passa sans incident remarquable, tout le monde avait besoin de repos. Là, on pouvait dormir sans trop de crainte, on ne voyait pas la mort de si près.

CHAPITRE IV.

Divers incidents du voyage.

La commission militaire avait tout-à-fait disparu, elle avait pris les devants pour rejoindre un convoi d'hommes, aussi conduits dans la même direction.

A Doué, les dignes citoyens se dédommagèrent par des massacres et par des actes d'une sauvage cruauté. En perdant ces commissaires, nos prisonnières perdirent peu ; avec elles, ils croyaient être obligés de se montrer intraitables et même féroces dans toutes les occasions. Nous l'avons vu, s'ils ne leur firent pas plus de mal, c'est que les bourreaux leur manquèrent ; leur présence seule était un sujet d'effroi.

Le lendemain, lorsque le jour parut, il se trouva que bon nombre des voyageuses avaient les pieds enflés. Une personne surtout attirait l'attention de tout le monde : c'était Mlle Caroline de Terves, la plus jeune de toutes ; elle avait à peine dix-huit ans. Conduite avec sa mère, Mme de Terves, et ses quatre sœurs, elle se trouva extrêmement fatiguée. Sur la route, on l'avait remarqué, la pauvre enfant souffrait de la marche, elle faisait des efforts inouïs pour suivre et pour ne pas trop incommoder celle qui partageait sa chaîne, la soutenant de son mieux. Mais à Brissac, les forces lui manquèrent : elle avait deux larges plaies sous les pieds.

Comment pourrait-elle se remettre en route, elle qui pouvait à peine se soutenir ! Sa mère, ses sœurs et toutes les prisonnières oubliaient leurs propres souffrances pour s'occuper d'elle. Pauvre Caroline ! allait-elle donc périr ! elle si jeune, si aimable !... Comment faire ? toutes auraient voulu la porter sur leurs épaules; mais impossible, la grande corde devait reparaître au moment du départ ! Rester en arrière ? on n'osait même pas le demander au commandant ; il aurait répondu, selon sa coutume, par un arrêt de mort ! On ne trouvait donc aucun moyen de la sauver, lorsqu'un sous-officier se présenta et vint offrir ses services. Ce brave militaire parcourut tout Brissac, étant à la recherche d'une paire de souliers commodes pour la jeune fille. Mais ses pieds étaient trop malades, on ne pouvait songer à un pareil moyen. Le bon sous-officier proposa de louer une charrette pour y faire monter Caroline, avec sa mère et ses sœurs. Ce moyen parut bon. Alors, il prit ses mesures, obtint les permissions nécessaires, et le véhicule fut prêt au moment du départ. Le soldat détacha les dames de Terves de la grande chaîne, se chargea lui-même d'escorter la voiture et il eut la délicatesse de rester en arrière, assez loin à distance, pour que ses protégées n'eussent pas sous les yeux le triste spectacle du convoi qui marchait en avant.

Ce convoi, une fois engagé sur la route de Doué, n'avança que lentement : c'était le deuxième jour du voyage; puis on suivait des chemins détrempés, comme ils ont coutume de l'être au mois de décembre. Les dames les plus courageuses sentirent bientôt leurs forces s'affaiblir. Leurs pieds tendres étaient blessés par leurs chaussures; le sang qui en découlait se mêlait à la boue du grand chemin. Les soldats eux-mêmes étaient touchés de tant d'infortune ; on les vit plus d'une fois prodiguer des soins aux plus accablées. Mais que pouvaient-ils faire? Bien peu de chose, sans doute. Ce qu'il fallait à ces malheureuses, c'était du repos et un peu d'eau pour laver leurs pieds et leurs chaussures. Mais rien de tout cela n'était possible ; à peine si, de loin en loin, on faisait quelques haltes assez courtes ; personne ne sortait des rangs. A force de courage on arriva pourtant jusqu'à Doué : la plupart étaient si accablées, qu'elles n'auraient pu faire un pas de plus.

Si du moins en arrivant, une personne amie se fût trouvée là pour les accueillir avec des paroles bienveillantes, pour essuyer leur front, panser leurs blessures ! mais non, rien de tout cela. Elles furent enfermées dans une église froide, abandonnée, avec une garde sévère, qui ne leur permettait ni de demander rien à personne, ni même de rien recevoir ; seulement on distribua le pain de munition ordinaire et une ration d'eau puis de la paille pour se coucher. Il fallut garder ses chaussures pleines de sang !

Les paysannes, moins à plaindre parce qu'elles étaient plus robustes, pouvaient manger le pain de munition quelque noir qu'il fût, puis elles faisaient la route en sabots. Pleines de compassion pour les dames qui partageaient leur chaîne, elles s'efforçaient de leur être utiles autant qu'elles le pouvaient. Mais n'étant pas libres elles-mêmes, leurs secours n'étaient que d'une médiocre importance; cependant on leur savait gré de leur bonne volonté. Les dames de Terves arrivèrent un peu plus tard que les autres; elles furent enfermées dans la même prison. Le sous-officier s'occupa de son cheval et de sa charrette; il savait qu'on en aurait encore besoin. Il avait commencé une bonne œuvre, il voulut l'achever.

Le lendemain 9 décembre, on vint dire aux prisonnières qu'on allait les conduire à Montreuil-Bellay. Il fallait marcher encore : c'était bien inquiétant. Peu de temps après, l'ordre arrive, il faut se disposer à partir. Les paysannes furent bientôt prêtes : mais les dames, ô mon Dieu! dans quel état elles étaient! Trop fatiguées la veille, le sommeil n'était point venu réparer leurs forces, leur rendre l'énergie. Leurs pieds, déjà si malades, s'étaient gonflés d'une manière prodigieuse, toutes y avaient de très-larges plaies. Cependant il fallait s'appuyer sur ces plaies vives et saignantes, il fallait marcher!

Trois lieues seulement restaient à faire pour arriver au terme du voyage, douze venaient d'être faites; mais que ces trois lieues étaient effrayantes pour ces pauvres voyageuses dans l'état où elles se trouvaient!

Cependant le tambour bat, les soldats se rangent, on attache de nouveau les condamnées à la chaîne, et le signal du départ est donné, toujours dans le même ordre, accompagnées de la guillotine et des canons. Ce que les nobles dames eurent à souffrir est impossible à décrire, mais on vit en elles l'énergie du martyre. Evidemment Dieu les soutenait.

Au sortir de Doué, du côté de Montreuil, la route est assez belle, mais triste; c'est un pays découvert. Pas un buisson, pas un arbre sur lequel puissent reposer les yeux du voyageur.

Cette plaine a bien deux lieues d'étendue, puis on arrive à la forêt de Brossay.

Lorsque la colonne atteignit la forêt, au moment d'y entrer on fit une halte : les soldats visitèrent leurs armes, qui étaient toutes chargées, les artilleurs se mirent à leurs pièces en bon ordre et on serra les rangs. A la vue de ces préparatifs, les prisonnières eurent le frisson. Que signifiaient toutes ces précautions qu'on venait de prendre, où les conduisait-on? Peut-être à quelque carrière isolée pour en finir avec elles, les ensevelir toutes dans le même tombeau. La destination de Montreuil-Bellay était connue, il est vrai; ce nom plus d'une fois avait circulé dans les rangs; mais elles ignoraient si à Doué, la commission militaire n'avait pas donné de nouveaux ordres à leur égard. La halte ne fut pas longue, le convoi s'engagea dans les bois.

La marche déjà lente et pénible dans une route ordinaire, le fut bien davantage encore dans ces chemins étroits, boueux et remplis de broussailles : les soldats eux-mêmes ne pouvaient s'en tirer. Les pauvres femmes attachées, trébuchaient à chaque minute, leurs chaussures les quittaient ; leurs vêtements, déjà salis par la route précédente, traînaient ici tout-à-fait dans la boue.

Cependant le convoi ainsi engagé s'avançait toujours ; après une demi-heure de marche la plaine apparût. Chacun put reconnaître que les bois n'avaient pas autant d'étendue qu'on l'avait cru d'abord. D'un autre côté aussi, il était évident que les précautions prises à l'entrée, n'étaient autre chose qu'une mesure militaire, usitée en pareilles occasions. Alors toutes les pensées se tournèrent vers Montreuil ; selon toute apparence, la ville n'était pas éloignée.

Enfin, après plusieurs haltes et bien des circuits occasionnés par la difficulté des chemins, on put sortir de ces tortueux défilés. La colonne déboucha dans une plaine aussi nue que la précédente et au milieu de cette plaine, à une demi-lieue de distance, se dressait le château de Montreuil-Bellay. On distinguait ses tours élevées, son enceinte, ses nombreux clochetons gothiques, qui lui donnent un aspect imposant. A côté du fort, la ville se montrait en amphithéâtre, avec la rivière au fond du ravin. Toutes occupées à regarder la ville et la forteresse, les prisonnières n'avaient pas remarqué cette rivière qu'il fallait traverser. A force de courage on arriva enfin : le commandant fit faire une dernière halte, en face d'un étroit passage et d'un mauvais pont (1).

Deux soldats furent dépêchés vers le fort, pour avertir et pour prendre les ordres du commandant. Les pauvres voyageuses tombaient de lassitude, on ne sait même pas comment elles purent arriver jusque là. Quinze lieues faites à pied, par des femmes délicates, dans des chemins difficiles, et enchaînées comme des forçats : c'est une chose horrible dont on n'a pas l'idée. Pas une seule, cependant, ne resta sur la route, pas une ne défaillit. Elles étaient huit cents au moment du départ d'Angers et les huit cents arrivèrent à Montreuil. Pendant ce temps d'arrêt, les dames de Terves arrivèrent sur leur charrette, dont on les fit descendre pour

(1) Le beau pont qui existe aujourd'hui est de construction récente et un peu plus en aval.

les remettre à la chaîne commune. La mission du bon sous-officier finit là. Il reçut les remercîments de ses protégées et s'éloigna sans laisser même son nom. De récompense il n'en voulut aucune : seulement Mme de Terves paya le louage de la charrette, et celui qui la conduisait repartit à l'heure même pour Brissac.

Le château de Montreuil, dans son ensemble, n'est pas d'une très-grande étendue ; mais son enceinte a de très-hauts murs, appuyés par d'énormes tours, qui autrefois le rendaient formidable aux ennemis du baron. D'un côté, la rivière baigne le pied de ses tourelles, de l'autre se trouvent de très-larges fossés qui en défendent l'approche; on n'y pénètre que par une porte étroite et par un pont-levis (1). Dans l'intérieur, se trouvent deux grands corps de logis à plusieurs étages : l'un est du XV siècle, on fait remonter l'autre jusqu'à Foulques Néra. Une belle et vaste chapelle se trouve aussi dans la cour du château. Mais toutes ces

(1) Le pont-levis a été détruit depuis cette époque, mais l'entrée n'a pas changé.

beautés d'architecture n'avaient pas grand attrait pour les prisonnières ; beaucoup d'entr'elles se trouvaient dans le plus déplorable état. Puis, quelle perspective pour elles! On allait les enfermer entre ces hauts murs, dans de grands appartements dévastés, sans feu pour l'hiver qui déjà se faisait sentir, en attendant le moment où il faudrait mourir.

Le tribunal révolutionnaire d'Angers, à chaque instant, pouvait les mander à sa barre, où elles ne manqueraient pas de trouver, toute faite, une sentence de mort. Réflexions pénibles, qui ne pouvaient que porter la tristesse dans leurs âmes et augmenter leur abattement. Mais les malheureuses captives étaient comme des brebis que les bouchers emmènent ; aucune d'elles ne pleura, aucune ne fit entendre une plainte ni un murmure; Dieu les soutenait de sa grâce puissante : elles avaient mis toute leur confiance en lui.

L'estafette envoyée vers la place ne tarda pas à paraître, avec un détachement qui venait reconnaître l'escorte ; on paraissait prendre les plus minutieuses précautions. Mais la nouvelle de l'arrivée des prisonnières se répandit promptement dans la ville; quantité de curieux accoururent pour voir toutes ces dames, qu'on leur disait être d'une si grande noblesse et les plus riches de tout le département. C'était vrai pour plusieurs d'entr'elles. Mais hélas! dans quel état elles étaient! Garrottées comme des malfaiteurs, elles marchaient péniblement entre deux haies de soldats.

Leurs vêtements sales avaient traîné dans la boue. Leurs chaussures à peine reconnaissables étaient en lambeaux. Cette vue attendrit les spectateurs, ils en furent touchés jusqu'aux larmes; une si grande misère inspirait une profonde compassion. Mais comment les secourir? Enveloppées comme elles l'étaient par la force militaire, on comprenait que toute démarche serait inutile; il y avait même du danger. Plus tard, nous verrons ce qu'il en coûta à une jeune dame de la ville, pour avoir fait passer un matelas dans la prison.

Le défilé se fit au milieu du plus profond silence : pas un cri d'insulte, pas une parole désobligeante ne se fit entendre; c'était le respect que l'on doit au malheur. Il était évident que ces pauvres femmes ne pouvaient guère être nuisibles à la République : aussi chacun blâmait-il ces inutiles rigueurs. Mais on n'osait faire part de ses impressions à personne parce que dans la foule se trouvaient des patriotes, qui observaient tout, même jusqu'aux moindres choses ; un seul mot aurait suffi pour compromettre une famille entière, pour la conduire à l'échafaud.

Le château étant situé sur la colline, on y arrive en le contournant par une rampe assez raide, et par des courbes successives, jusqu'à la porte d'entrée. Bientôt la tête de colonne s'engagea dans l'étroit passage qui conduit à la cour intérieure : à mesure que les prisonnières avançaient, on les voyait peu à peu disparaître sous la sombre voûte. A peine la dernière avait-elle franchi le seuil, que la vieille porte roula sur ses gonds ; le pont-levis fut haussé. Alors il ne parut plus autre chose que les quatre pièces de canon braquées aux meurtrières et qui restèrent là toutes prêtes en cas d'insurrection. La foule s'écoula silencieuse, tout le monde était impressionné.

Une fois entrées dans la cour du château, les prisonnières furent détachées et on enleva l'horrible corde qui les avait tant fait souffrir.

Quelques instants se passèrent avant l'introduction des condamnées dans leurs prisons respectives. On ne savait comment faire pour mettre un peu d'ordre dans cette installation. Six commissaires (1) avaient été nommés; mais en présence d'une si grande multitude, il était difficile de rien faire de bien satisfaisant. Aussi ces commissaires prirent-ils le parti le plus simple, celui d'ouvrir toutes les portes et de faire entrer autant de monde que l'on pourrait. On commença donc et chacune de ces malheureuses, en entrant, reçut la botte de paille qui devait lui servir de lit. Lorsque tous les appartements du premier étage furent remplis, on fit monter au deuxième, puis aux mansardes. Les petites chambres des tourelles furent occupées comme les autres, le château tout entier fut rempli. Lorsque toutes furent entrées, les portes se fer-

(1) Il y avait trois commissaires hommes et trois commissaires femmes, tous habitants de Montreuil.

mèrent à double tour, on n'entendit plus rien. Le rez-de-chaussée fut réservé pour la geôle et autres accessoires qu'on trouve dans les prisons.

Je ne parle pas ici des ameublements de cette nouvelle demeure : il n'y avait ni lits, ni tables, ni chaises, ni autre chose que ce fût : le plancher seul, entre quatre murs, voilà tout. Seulement, à chaque étage, il se trouvait dans les angles, des lieux pour les besoins ordinaires, avantage inappréciable quand on se trouve sous les verroux.

CHAPITRE V.

Grande mortalité.

Le château de Montreuil, ainsi converti en une prison, se trouvait beaucoup trop petit pour contenir un si grand nombre de personnes; dans plusieurs appartements, on comptait plus de cent cinquante femmes; les moindres chambres en avaient trente ou quarante, et là où trois cents personnes à peine auraient pu tenir, on en logea huit cents. Non pas que les nouveaux commissaires fussent hostiles; non, mais ils avaient reçu des ordres ils ne pouvaient qu'obéir. Leurs fonctions se bornaient à la surveillance intérieure, et il faut convenir qu'ils y mirent beaucoup de bonne volonté.

Des témoins estimables m'ont attesté, plus d'une fois, leur grande sollicitude et leurs bons procédés. Les pouvoirs des commissaires étaient assez étendus sous le rapport de la surveillance, mais l'administration relevait des citoyens du district. On voit qu'il était difficile d'entreprendre quelque chose avec des gens semblables; eux qui se vantaient d'être des sans-culottes pur sang, eux qu'on avait choisis tout exprès pour la circonstance : aussi se faisaient-ils une gloire de leur dureté envers les détenues du château.

La garde de la prison fut d'abord confiée à des troupes régulières, puis ensuite remise à la garde nationale de Montreuil, aidée de celle de Chinon. Au commencement surtout, la consigne fut sévère; les prisonnières étaient constamment sous le verrou, sans pouvoir obtenir la permission de sortir ni même d'ouvrir aucune fenêtre pour prendre l'air, quand le temps était beau.

Durant les premières semaines de cette détention, les choses allèrent assez bien; tout le monde était à son poste : les employés y mettaient du zèle, les distributions se faisaient, les chambrées étaient régulièrement visitées. Non pas qu'on adoucît le sort des prisonnières : pour elles, c'était toujours la même rigueur, la même sévérité. On sait en quel état déplorable étaient ces pauvres femmes quand elles entrèrent. Accablées de fatigue et l'âme en proie à la douleur, beaucoup tombèrent malades et se trouvèrent dans le plus triste abandon. Point de médecin, point de remèdes, personne pour donner les soins indispensables. Un morceau de pain noir, deux litres d'eau par jour à chaque personne, c'était tout ce qu'il était possible d'obtenir. Deux dames de Montreuil furent enfermées aussi pour avoir témoigné de l'intérêt aux prisonnières : Mme Jacquet et Mme Gain de la Roche (1).

Les commissaires, chaque matin, faisant leur inspection dans les chambres, trouvaient ces pauvres malades, étendues par terre sur un peu de paille; dans le dénuement le plus effrayant, mais il n'y pouvaient rien. Les dames elles-mêmes les plus nobles et les plus riches, n'avaient pas un vêtement pour changer, ni une couverture pour s'abriter contre un froid rigoureux. Le linge manquait absolument, aucune des prisonnières n'avait apporté de ba-

(1) Le mari de cette dernière était dans l'armée vendéenne.

gages, et la rigueur de la garde empêchait qu'on ne s'en procurât, même avec de l'argent. On ne pouvait pas non plus songer à se blanchir, l'eau se distribuait par mesure et en très-petite quantité. Pour obtenir quelque chose il fallait s'adresser toujours au district, composé des hommes les plus révolutionnaires et qui ne savaient pas compatir aux misères d'autrui. Ce district avait commissionné un boulanger de la ville, pour fournir le pain de la prison ; mais ce pain était si noir et de si mauvaise qualité, que les chiens eux-mêmes n'en voulaient pas manger (1). Il fallait bien s'y accoutumer cependant, puisqu'on n'avait pas d'autre nourriture. Le refuser c'était se condamner soi-même à mourir de faim.

Toutes les prisonnières souffraient ; la plupart étaient sérieusement malades, lorsque le typhus se mit dans la prison. Oh alors ! ce fut un spectacle bien autrement désolant, à cause de l'abandon plus grand encore dans lequel

(1) Témoignage donné par plusieurs habitants de Montreuil, contemporains du fait.

ces malheureuses se trouvèrent. Chacun des employés avait peur de l'épidémie ; le château fut considéré comme un foyer dangereux, où régnait la peste, et les communications avec le dehors devinrent plus difficiles que jamais. Deux des commissaires atteints du typhus moururent presqu'en même temps. Les autres devinrent plus négligents et plus timides ; on n'osait presque plus approcher du château.

Dans l'intérieur, le terrible mal faisait d'affreux ravages et personne ne songeait à y porter remède : on concentrait l'épidémie dans son foyer, à peu près comme on concentre un incendie ; toutes ces malheureuses femmes étaient vouées à la mort.

La prison tout entière était pleine de malades, et ni les commissaires ni les personnes de service n'osaient plus y entrer. Le pain et l'eau se distribuaient à la porte, on n'allait pas plus loin. Au milieu de cette panique générale, un seul homme osait pénétrer dans les chambres, c'était le fossoyeur, ancien forçat, d'un aspect sinistre et que son ministère rendait plus sinistre encore. Chaque matin, il apparaissait, cherchant de l'œil une victime. Il en trouvait toujours qui avaient succombé dans la nuit. Alors, il prenait sur leur paille, ces pauvres femmes mortes, et, sans linceul d'aucune sorte, il chargeait hideusement sur ses épaules leur cadavre encore chaud, pour le porter vers la fosse commune, ouverte d'avance dans un lieu désigné.

Autant il y avait de décès, autant de fois on voyait le monstre apparaître. Toujours seul et sans témoins, il emportait sa proie, avec une espèce de mystère, on ne savait où. Cependant, ce mystère lui-même excitant la curiosité, des yeux indiscrets le suivirent jusqu'au bord de cette fosse, dont nous avons parlé. Que faisait-il ? il déposait d'abord son fardeau, et avant de jeter le cadavre, il visitait les oreilles et les doigts, pour voir s'il trouverait des bijoux : s'en emparant bien vite pour en faire son profit. On dit même qu'il dépouillait de leurs vêtements celles qui en avaient d'un peu plus riches, et qu'il jetait ces malheureuses toutes nues dans la terre ! A Montreuil, on raconte encore aujourd'hui que cet homme, ne pouvant retirer autrement les riches anneaux d'une dame noble, alla jusqu'à lui couper les doigts avant de l'enterrer. Le fait est, que le fossoyeur du château était devenu un objet d'horreur, même dans la ville et surtout dans la prison.

On touchait à la fin de décembre, deux des commissaires donnèrent leur démission; il n'en resta plus d'autres que Mmes Tessier et Bourgeois. Ces deux dames commissaires ne se découragèrent pas; elles étaient bonnes et compatissantes; elles restèrent dans leur emploi, pour rendre service aux pauvres prisonnières, pour adoucir autant qu'elles le pourraient leur malheureux sort. Au milieu de cette mortalité effrayante, et sur leur responsabilité personnelle, elles osèrent procurer aux infortunées malades quelques adoucissements. On comprend que les citoyens du district ne furent pas consultés; on les savait d'une sévérité si désolante, qu'on dût prendre même les plus minutieuses précautions.

Cependant les commissaires étaient en nombre insuffisant. On voulait qu'il y eût, au moins, un commissaire homme pour exercer la surveillance, pour donner ses comptes-rendus à l'administration. Ce commissaire, on ne pouvait le trouver; personne ne voulait l'être, soit à cause du typhus, soit à cause de la trop grande responsabilité.

On offrait donc la nouvelle fonction à tout le monde, lorsqu'un jour, au café, la question fut agitée d'une manière sérieuse, en présence d'un jeune homme de dix-huit ans, nommé M. Estienvrin. Ce jeune homme était déjà engagé dans la milice; mais la gloire militaire n'avait pas pour lui trop d'attraits. On lui proposa d'être commissaire, c'était un moyen d'éviter la milice: il aurait une position importante sans quitter sa famille, sans s'éloigner de ses amis. Cette idée qui n'était pas venue au jeune homme, ne fut cependant pas trop mal accueillie. Sans accepter d'abord, il voulut réfléchir et surtout consulter ses parents.

Peu de jours après, le nouveau commissaire entrait en fonctions. Sans soupçonner les intentions du jeune homme, ni vouloir discuter les motifs qui le déterminèrent, nous dirons que sa nomination fut une chose très-heureuse pour les prisonnières, parce qu'il leur rendit d'importants services ; il en sauva plusieurs de l'échafaud.

CHAPITRE VI.

Le bon commissaire.

M. Estienvrin était dans la vigueur de l'âge; son éducation, aussi complète que possible, le mettait à même de correspondre directement avec les personnages les plus élevés du pouvoir. Ami de l'indépendance, il en usa largement, même dans la position difficile où il se trouvait. Je suis soldat, disait-il, et si les citoyens me suscitent quelque mauvaise affaire, je rejoins mon régiment, où je suis sûr de n'être pas inquiété.

Peu de jours après l'installation du jeune commissaire, le tribunal révolutionnaire écrivit d'envoyer à la barre la ci-devant noble de la Rosière, qui devait se trouver dans la prison. Le jeune commissaire savait que l'envoyer à la barre, c'était l'envoyer à l'échafaud ; il jura qu'elle ne partirait pas. Sa réponse fut : que la citoyenne était malade et hors d'état de faire le voyage. « D'ailleurs, disait-il, le

» typhus est dans la prison, où il fait d'af-
» freux ravages. Il ajoutait : Je ne comprends
» pas qu'on ait envoyé tant de monde à Mon-
» treuil, pour occasionner une épidémie qui
» va se développer dans la ville et y jeter par-
» tout la terreur, etc. »

Mais les sans-culottes avaient bien d'autres victimes à choisir; ils ne donnèrent pas de suite à cette demande, et Mme de la Rosière resta. Plus tard, à diverses époques, une semblable demande fut adressée pour d'autres dames également recommandables; mais le commissaire sut trouver toujours des prétextes : aucune d'elles ne partit.

Le jeune Estienvrin, plus hardi que les autres commissaires, voulut voir par lui-même, le véritable état des choses. Malgré le typhus, qui sévissait dans toute sa force, il osa pénétrer dans l'intérieur, il visita toutes les chambrées. Mais, ô mon Dieu ! quelle misère !... Les trois quarts des prisonnières étaient malades et dans un épouvantable abandon. Point de lits, point de couvertures pour s'envelopper. Les mieux portantes étaient là, toutes grelottantes, accroupies sur leur paille pendant tout le jour; l'espace manquait pour se promener. Il leur fallait se coucher là encore, sur cette même paille, durant ces longues nuits de l'hiver, lorsque le givre se montrait aux vitres, lorsque l'eau de leur cruche se gelait jusqu'au fond.

Mais si tel était le sort des mieux portantes, qu'on juge de l'état des pauvres malades étendues sur le plancher de ces grands appartements! Le commissaire vit tout cela, il en fut touché et il conçut aussitôt la pensée d'apporter à cet état de choses de nombreuses améliorations.

Ce fut sur ces entrefaites, c'est-à-dire vers les premier jours de janvier, que mourut Mme de la Cressonnière, nommée par les gardiens, la comtesse verte. On l'avait remarquée, parce qu'elle était vêtue d'une robe de cette couleur et qu'elle portait à ses doigts de nombreux et très-riches diamants. Pauvre dame! d'une complexion délicate, le voyage d'Angers à Montreuil avait épuisé ses forces. Le manque de soins et la mauvaise nourriture achevèrent de ruiner sa santé. A cela vint se joindre le typhus, qui la conduisit bien vite aux portes du tombeau. Plusieurs des femmes de sa chambrée lui donnaient leurs soins, mais que faire, puisqu'on manquait de tout ?

Le jeune commissaire prévenu, vint lui-même la voir avec le commandant du château. Enfermée dans l'une des petites chambres des tours, ils la trouvèrent agonisante, gisant sur sa paille, sans autre abri que ses vêtements ordinaires, lesquels étaient sales et déchirés. Rien pour se couvrir dans la fièvre, rien pour réchauffer ses membres engourdis par le froid. C'était nâvrant ! Le jeune homme prit sur sa responsabilité personnelle, d'envoyer chercher un matelas que lui fit passer une dame de la ville de Montreuil.

Ce matelas fut apporté immédiatement, et passa devant la garde sans difficulté aucune ; le commandant de place était là. On put aussi se procurer une couverture, et la pauvre mourante fut un peu plus convenablement installée ; mais il était trop tard, elle mourut le lendemain.

Les prisonnières, voyant un adoucissement

procuré par le nouveau commissaire lui-même, reprirent un peu courage ; une ère meilleure apparaissait dans l'avenir. Les autres commissaires étaient bons, mais ils n'avaient jamais rien osé faire ostensiblement en faveur des prisonnières ; tandis que celui-ci agissait de concert avec le commandant du château. Quelques jours se passèrent et le jeune Estienvrin ne songeait déjà plus à la bonne action qu'il venait de faire, lorsqu'étant le soir au café, il apprend qu'une dame de la ville, sa voisine, vient d'être arrêtée pour un matelas envoyé au château. Le jeune homme surpris, se lève sans rien dire et s'en va bien vite consulter son père sur cet incident. Par leur fortune et leurs antécédents, les Estienvrin se trouvaient être les premiers de la ville ; ils résolurent de se montrer à découvert et en face des accusateurs. Alors le commissaire va droit au discrict : il interpelle avec violence les citoyens, leur déclarant que c'était lui qui avait demandé le matelas ; qu'il était entré au château par son ordre et que si on ne relâchait pas immédiatement la citoyenne qu'on venait d'arrêter, ce serait à lui qu'on aurait affaire et qu'on le paierait cher. Les sans-culottes eurent peur, et un instant après, la dame fut mise en liberté. Cette affaire n'eut pas de suite, mais elle rendit le jeune commissaire un peu plus timide et plus circonspect.

Cependant le typhus était toujours dans la prison ; les paysannes mouraient en grand nombre. Depuis le 25 décembre jusqu'au mois de février suivant, c'est-à-dire dans l'espace d'un mois environ, il mourut plus de cent trente prisonnières. Le cimetière de l'église du château devint insuffisant. Celui de la ville étant lui-même fort petit, on fut obligé de conduire les cadavres jusque dans les fossés de la ville, dans lesquels on ouvrit de grandes fosses pour les enterrer.

Au milieu de cette mortalité effrayante, plusieurs dames nobles périrent sans aucune assistance et sans qu'on y fît attention. Le fossoyeur les jettait sur la charette, à peu près comme des bêtes mortes, sans même les couvrir d'un linceul. Combien de fois l'a-t-on vu traverser la ville, avec son attelage, en plein jour et sans aucune précaution? Spectacle hideux, qui inspirait aux plus indifférents, eux-mêmes, une profonde compassion. Sur les registres de l'état-civil, on ne prenait pas la peine d'inscrire en détail tous ces nombreux décès.

Tout le monde peut lire encore ces actes, en résumé : Aujourd'hui, 28 thermidor..... sont décédées vingt prisonnières..... Aujourd'hui 22 pluviôse : sont décédées trente des détenues du château..... et ainsi de suite.....

Quelques noms cependant sont inscrits, tels que : Madeleine Thierry, veuve Cornilleau.

Louise-Madeleine Thurpin, veuve de Jean Piquois, de Laval, 28 thermidor, an II.

Marie-Geneviève d'Etriché, femme de Guillaume de Falloux, du Coudray, l'an II.

Maria-Guyonne-Simone Floriot de la Genevraie, d'Angers.

Marie-Charlotte-Placide de la Perraudière, veuve de François Duvergier, du Lion-d'Angers, 21 frimaire.

Renée-Jeanne Rideau, femme d'Antigone, de Juigné, 5 pluviôse.

Adélaïde de Latour, femme de Gilles Herule de Lagrandière, 29 pluviôse.

Nous sommes au commencement de l'année 1794, c'est-à-dire en plein hiver; tandis que tout le monde au foyer domestique se serre autour d'un bon feu, au château les pauvres prisonnières meurent de froid. C'était cependant bien facile de leur procurer un peu de feu, puisque toutes les chambres avaient leurs cheminées, et que les dames nobles étaient prêtes à sacrifier les quelques bijoux qui leur restaient pour un peu de bois. Mais la chose paraissait difficile; l'affaire du matelas n'était pas éloignée. Cependant Caroline de Terves eut la pensée d'essayer auprès du commissaire. Trois de ses sœurs étaient malades : Mme de Terves elle-même était travaillée d'une maladie de poitrine qui l'incommodait beaucoup. La jeune personne, à force d'adresse et de sollicitations, avait pu obtenir un petit pain blanc pour sa mère; on le lui apportait chaque matin. Oh combien elle eût désiré lui procurer encore d'autres adoucissements ! Mais non, rien autre chose que l'horrible pain de munition. Pas une de ces douceurs qu'on accorde aux pauvres malades, même dans les prisons.

Un matin, le jeune commissaire parcourait

les chambres, pour faire son inspection ordinaire et prendre la liste des morts. Caroline de Terves l'aborde d'un air timide, elle demande à lui parler. A la vue de cette pauvre jeune fille au teint pâle et grelottante de froid, le commissaire s'arrête. Qu'y a-t-il et que voulez-vous? dit-il d'un ton assez brusque. « Monsieur le commissaire, dit Caroline, j'ai ici ma mère, bien malade; s'il était possible de lui procurer quelques adoucissements, » et de grosses larmes coulèrent sur ses joues amaigries. Le jeune commissaire s'approche et dans un coin de la chambre il aperçoit cette pauvre mère à terre, sur un peu de paille et autour d'elle cinq jeunes personnes, ses filles, dont trois étaient malades et dans le plus triste état! « Vous voyez, lui dit Mme de Terves, dans quel état nous sommes : tout le monde meurt autour de nous, et voilà que l'épidémie va nous atteindre, mes enfants et moi. Le commissaire s'adoucit; il entra un peu dans le détail des choses les plus nécessaires et après avoir promis de faire son possible, il s'éloigna.

Le bois ne fut pas accordé, mais un médecin

fut attaché au château : il fut possible de se procurer des remèdes. On accorda même la permission de faire acheter au dehors quelques petites provisions. Aussi les cas de mort diminuèrent-ils dans une notable proportion. Avec l'espérance, le courage revint à tout le monde : le nouveau commissaire fut regardé comme un sauveur.

Sur ces entrefaites le père du jeune commissaire, M. Estienvrin, fut nommé maire de la commune de Montreuil, ce qui donna encore à son fils une autorité plus grande et le mit à même de rendre service aux malheureuses du château. Le typhus sévissait toujours. L'encombrement des chambrées en était la cause, et malgré tous les soins possibles, on ne pouvait espérer de voir l'épidémie s'arrêter. Le commissaire écrivit à Angers une de ces lettres accentuées et d'un style révolutionnaire, lettre dans laquelle il demandait qu'on le débarrassât d'une bonne partie des détenues, comme le seul moyen d'arrêter le fléau. A cette lettre, il joignait un état des morts et des malades, depuis un mois seulement.

On lui répondit par un ordre de faire partir pour Blois ou pour Chartres toutes celles des prisonnières qui pourraient faire le trajet. Dans chacune de ces villes, disait-on, se trouvaient des prisons saines et prêtes à les recevoir.

On laissait ainsi une grande latitude au commissaire, il en profita.

C'était vers la fin de janvier, M. Estienvrin, qui agissait dans l'intérêt des prisonnières, parcourut les chambrées, pour voir celles qui pourraient et qui voudraient partir. Après ce dénombrement fait, il se trouva que sur les huit cents femmes venues d'Angers, deux cents avaient déjà péri : soit par le froid, soit par le typhus et diverses maladies. Sur les six cents qui restaient encore, la moitié se fit inscrire, les unes pour Chartres, les autres pour Blois, espérant trouver un meilleur gîte et surtout pour éviter le typhus. Pauvres femmes ! elles fuyaient un genre de mort, pour en trouver un autre non moins triste ; presque toutes périrent de misère ou sur l'échafaud. Je n'ai pu me procurer les noms de celles qui partirent, mais il y avait plusieurs nobles dames de celles que j'ai nommées déjà. Toutes les paysannes de la Vendée demandèrent à rester, et le commissaire, qui ne voulait faire de violence à personne, les y laissa.

Les émigrantes une fois parties, les autres prisonnières se trouvèrent plus à l'aise; on pouvait aller et venir dans les chambres, respirer un air moins fétide : puis chacune s'appropriant la paille de sa voisine, essaya de s'en faire un rempart contre le froid. Dans ces nouvelles conditions, le typhus perdit beaucoup de son intensité. Les commissaires prirent ensuite des mesures pour que les malades fussent mises à part, dans des appartements isolés.

On savait que toutes les captives et surtout les malades, souffraient de la mauvaise qualité du pain; la permission fut accordée à quelques-unes de sortir, sous escorte, à certains jours pour aller par la ville, mendier une nourriture plus convenable à leur mauvaise santé. Partout à Montreuil on leur fit bon acceuil; à chaque sortie, les quêteuses revenaient chargées de petites provisions qu'elles distribuaient ensuite aux malheureuses de l'intérieur. Celles des dames qui avaient encore de l'argent, purent faire acheter de la viande qu'on leur apportait toute cuite et toute prête à manger. Mais ces adoucissements n'étaient qu'une tolérance en faveur des malades ; on n'osait pas encore agir ouvertement. Mme Tessier fit souvent cette espèce de contrebande. Le commissaire Estienvrin, lui-même, arrivait quelquefois le matin, avec un gigot de mouton rôti et caché sous son manteau. La garde était toujours là, mais elle était moins sévère : si l'on prenait encore certaines précautions, c'était à cause des citoyens du distritc.

Un jour, les paysannes demandèrent la permission de descendre au bord de la rivière, pour laver un peu de linge ; elles souffraient tant de la malpropreté ! Depuis leur arrestation, c'est-à-dire depuis le mois de novembre, jusqu'à la mi-février, il leur avait fallu porter le même linge, garder le même vêtement. Le commissaire le permit et elles profitèrent des beaux jours de l'hiver pour blanchir le peu qu'elles avaient. La rivière servant de fossé d'un côté de la place, elles pouvaient y arriver sans sortir de l'enceinte fortifiée.

CHAPITRE VII.

Une dénonciation.

Sur ces entrefaites, Mme de Terves perdit l'une de ses filles, Mlle Céleste de Terves. Prise d'une fluxion de poitrine, au milieu d'une prison malsaine et privée des soins que réclame une maladie semblable, elle fut emportée dans quelques jours; expirant sur la paille, le 22 pluviôse (février), à l'âge de 25 ans.

Mais si les secours extérieurs lui manquèrent, elle eut l'avantage de mourir entre les bras de sa mère et entourée de ses quatre sœurs. A peine avait-elle rendu l'âme, que le fossoyeur arriva. Comme un oiseau de proie, il saisit ce cadavre encore chaud, le charge sur son épaule et l'emporte malgré les instances et les larmes de cette famille éplorée. Encore si elles avaient pu le suivre et savoir où il la déposait : mais non, impossible : le monstre l'emportait seul et sans doute il dût la dépouiller aussi !

Le lendemain, sitôt que vint le commissaire,

Caroline osa lui faire encore une demande : « Monsieur le commissaire, lui dit-elle, oh! si » vous pouviez nous délivrer de ce vilain homme » qui emporte les morts. Si vous saviez comment » hier, il emporta ma sœur, à peine expirante, » malgré nos larmes et nos supplications, » les sanglots l'empêchèrent d'en dire davatage. Quelques jours après, le fossoyeur était congédié.

Mais toutes ces réformes, si avantageuses aux malheureuses du château, ne se firent pas sans exciter la mauvaise humeur des patriotes Montreuillais. Le jeune commissaire Estienvrin fut dénoncé comme favorable aux prisonnières, comme un ennemi de la République; et cette dénonciation fut faite au moment le plus dangereux; lors des fusillades d'Angers, des noyades de la Loire et autres exécutions. M. Estienvrin fut prévenu par le commandant de place, qui venait de recevoir l'ordre de le surveiller de près. Sans trop s'intimider, le jeune homme fit des recherches et finit par savoir quel était le dénonciateur. Alors il s'entendit avec le commandant, qui appartenait à la garnison de Chinon. N'ayant plus rien à craindre de ce côté, il cherchait le moyen de se tirer d'une affaire aussi dangereuse, lorsqu'un soir, à une heure avancée, trois hommes armés viennent frapper à la porte du maire, demandant à lui parler. M. Estienvrin père était déjà couché. Son fils, ouvrant une fenêtre du premier étage, veut savoir ce que demandent ces hommes. Que voit-il! trois soldats armés. Il demande ce que l'on désire. Peu de chose, répondent-ils : dire seulement un petit mot au citoyen maire. Le jeune Estienvrin fut effrayé ; il crut que ces hommes étaient envoyés pour l'assassiner, lui ou son père. Cependant il fit bonne contenance et dit tout net, que la chose était impossible ; qu'il était trop tard, que le citoyen maire était couché. Les trois hommes insistèrent et devinrent si pressants qu'il fallut bien se décider à ouvrir. Mais, en descendant de sa chambre, le jeune Estienvrin réveilla deux de ses domestiques, les fit promptement habiller, en leur faisant part de ses inquiétudes. Les deux garçons, qui étaient forts et vigoureux, le rassurèrent en lui promettant de le soutenir au besoin.

Alors il fit prendre à chacun d'eux un énorme couteau de cuisine, qu'ils cachèrent sous leurs vêtements ; lui-même s'arma d'une paire de pistolets solides et tous trois vinrent à la porte d'entrée, où les attendaient les trois visiteurs de nuit. On ouvre la porte, les trois étrangers entrent et saluent poliment. Nous n'avons, disent-ils, qu'un petit mot à dire au citoyen maire, mais nous ne pouvons le dire qu'à lui. Le jeune Estienvrin les conduisit vers la chambre de son père : il marchait le premier, les trois soldats venaient ensuite avec leurs armes et les deux domestiques de la maison les suivaient par derrière et de fort près. Le maire, qui avait été prévenu, attendait dans son lit. Le fils Estienvrin entre le premier dans la chambre de son père, se place près du lit dans une attitude ferme et décidée. Les trois étrangers entrent, toujours suivis par les deux domestiques. Au moindre mouvement hostile, les deux garçons devaient tuer chacun leur homme, le fils Estienvrin se tenait prêt à faire feu sur le troisième ; aucun des trois ne pouvait échapper. Mais non, les trois étrangers se montrèrent pleins de convenance et de politesse, ils firent voir leur feuille de route au maire et le prièrent de leur donner un billet de logement pour un citoyen de la ville qu'ils désignaient par son nom. Ils avaient reçu des ordres : c'était chez lui qu'ils devaient loger cette nuit-là. Le maire signa le billet et les trois soldats se retirèrent sans autre explication. Le lendemain, le citoyen logeur avait disparu et les trois hommes nocturnes aussi. Le citoyen chez lequel étaient descendus les trois mystérieux personnages, était le dénonciateur du jeune commissaire Estienvrin. On croit que le commandant de Montreuil, chargé de faire un rapport contre le commissaire, le fit contre son dénonciateur, qu'il présenta comme un homme dangereux. Alors il fut enlevé et mis à mort, et le jeune Estienvrin fut maintenu. Ce vigoureux coup de main raffermit l'autorité du jeune commissaire et en même temps fit trembler ses ennemis. Les plus ardents révolutionnaires eux-mêmes n'osèrent plus élever la voix contre lui. Son action devint tout-à-fait indépendante, il ne rendait compte à personne de son administration.

De toutes les dames nobles qui étaient venues à Montreuil, il ne restait plus que Mme de Grignon, Mme de Bellefonds, Mme de Pissonnet et Mme de Terves avec les quatre enfants qui lui restaient. Plusieurs fois, le tribunal révolutionnaire d'Angers envoya des messages pour réclamer ces dames et les citer à la barre. Le jeune Estienvrin n'en livra pas une seule; il savait que pour elles aller à la barre, c'était aller à la mort, et il avait juré de les sauver. Sous un prétexte ou sous un autre il trouva toujours un moyen de les empêcher de partir. Aussi les pauvres prisonnières étaient-elles extrêmement reconnaissantes envers ce bon jeune homme, qui était leur sauveur.

Après la Révolution finie, tant que M. Estienvrin vécut, l'une de ces dames prisonnières ne manqua jamais de venir, chaque année, faire une visite à son bon commissaire et cette espèce de pèlerinage dura plus de cinquante ans. Parmi les paysannes qui se trouvaient à Montreuil, il y avait beaucoup de femmes de Latour-Landry, de Vezins, de Trémantines et de Coron. L'espoir de revoir un jour leur pays, les avait empêchées de partir, quand M. Estienvrin fit vider la prison. Mais leur mise en liberté n'arrivait pas vite et elles souffraient beaucoup. Bien que sous l'administration du jeune commissaire, elles fussent un peu plus libres ; il fallait cependant coucher toujours sur la paille, rester sous les verroux. Les petites provisions que procuraient les quêteuses, étaient infiniment agréables, mais elles ne suffisaient pas ; la nourriture ordinaire était toujours le pain de munition. Ce pain, hélas ! trop souvent arrosé de leurs larmes, fut maintenu jusqu'à la fin.

Le printemps approchait, avec les beaux jours renaissait l'espérance ; mais ce n'était pas encore la liberté. Profitant de la permission du commissaire, ces paysannes descendaient souvent au bord de la rivière, c'est-à-dire au lavoir. On pouvait leur permettre ces sorties, d'autant plus facilement que la rivière coulant au bas du jardin, se trouvait défendue de chaque côté, par un mur d'enceinte et par deux énormes tours qui s'avançaient jusque bien avant dans l'eau. La rivière elle-même était profonde;

il n'était venu à personne l'idée qu'une évasion fût possible ; aucune sentinelle n'avait été mise sur ce point. En effet, durant l'hiver, les eaux plus élevées et plus froides rendaient une tentative de ce genre absolument impossible, surtout à de pauvres femmes, que le seul bouillonnement de la chaussée voisine effrayait. Mais lorsque les beaux jours furent venus, les prisonnières virent que le niveau de la rivière avait un peu baissé ; les eaux en se retirant, avaient mis à nu sur ses bords, le sable de son lit. Deux femmes, plus hardies que les autres, relevant leurs jupons, essayèrent un peu la profondeur de ce passage, sans toutefois s'aventurer trop loin. Elles s'aperçurent bien vite que le fond était solide, surtout en suivant le long du rempart. Encouragées par une première tentative, les deux héroïnes la repétèrent plusieurs fois, sans oser cependant franchir la passe, ni dépasser la tour.

Mais un jour, les eaux se trouvèrent plus basses qu'à l'ordinaire, l'expérience eut lieu encore en présence d'un certain nombre des recluses : les deux mêmes personnes essayèrent d'aller plus avant. O surprise! Le passage était praticable; on pouvait traverser ayant de l'eau seulement jusqu'à la ceinture. En un instant elles furent à l'autre bord et même sur la chaussée qui leur ouvrait la porte de la prison; elles en profitèrent à l'instant même et disparurent du côté de la forêt. Les autres femmes, témoins de cette évasion, rentrèrent pour ne pas donner l'éveil. Le lendemain deux prisonnières manquaient à l'appel du commissaire. Le digne homme cherche, il s'informe : personne ne savait rien. Alors, sans s'inquiéter davantage, il efface d'un trait de plume les deux noms de sa liste et tout est dit. Quelques semaines se passèrent pour laisser le temps d'oublier la chose. Lorsqu'un matin il se trouva que plus de cinquante femmes avaient disparu. La première évasion n'avait pas ému le commissaire; mais cette fois il se trouva dans un véritable embarras. Comment faire pour mettre à couvert sa responsabilité personnelle auprès des citoyens du district? Les sans-culottes n'étaient pas ses intimes : c'était pour eux une belle occasion de se venger. M. Estienvrin va droit au commandant du château. Celui-ci était un homme franc et loyal; puis, une bonne partie de la responsabilité retombait sur lui, aussi bien que sur le commissaire; il devait prendre toutes les mesures de sûreté. Après en avoir délibéré ensemble, les deux amis convinrent de garder un silence absolu sur cette évasion. La chose était facile, à cause des circonstances exceptionnelles dans lesquelles ils se trouvaient. En effet, l'administration du commissaire n'était plus surveillée par personne : le club était devenu muet comme le district : les femmes évadées étaient des paysannes auxquelles on ne tenait pas beaucoup. Enfin le typhus avaient enlevé tant de monde, que les noms des absentes pouvaient être mis sur la liste des morts.

CHAPITRE VIII.

Le dénouement.

Il ne restait plus au château qu'un petit nombre de dames nobles et des paysannes malades ou affaiblies par les grandes privations. Mme de Terves était très-sérieusement atteinte et deux de ses filles aussi. Le commissaire fut prié de lui donner une chambre pour elle et ses enfants seulement. M. Estienvrin la lui accorda de suite : on choisit celle dite des *Archives*, comme la plus saine et la mieux aérée. Cette chambre, située sur la porte d'entrée, possédait une fenêtre assez large qui donnait sur la ville et sur la place du château. La pauvre malade était si souffrante qu'elle eut bien de la peine à se rendre à sa nouvelle demeure et pourtant il n'y avait qu'à traverser la cour.

Les deux demoiselles de Terves étaient encore plus malades que leur mère. L'une d'elles, Mlle Georgette, était en si triste état qu'il fallut renoncer à la transporter à la nouvelle chambre.

Elle resta étendue sur sa paille, dans un état désolant. Près d'elle,. resta aussi sa jeune sœur Caroline de Terves, qui lui prodiguait les soins les plus affectueux. Mais hélas, que pouvait-elle faire ! La pauvre enfant ne prenait presque plus rien. Caroline se donna beaucoup de peine pour obtenir un œuf frais, qu'elle espérait faire prendre à sa chère malade, pour la soutenir un peu. Déjà on l'avait fait cuire à la geôle, Caroline le tenait à la main pour le lui faire prendre, lorsque la malade expira ! La douleur de Caroline fut extrême, c'était la deuxième de ses sœurs qu'elle voyait mourir en peu de temps : puis, elle aimait de l'amour le plus tendre sa chère Georgette, charmante enfant du caractère le plus aimable, elle avait toujours souffert avec une résignation admirable ; mais à la fin, la nature succomba. Une chose bien inquiétante était d'apprendre cette fâcheuse nouvelle à Mme de Terves, déjà installée dans son nouvel appartement.

L'autre demoiselle de Terves, nommée Eulalie, également malade, voyant sa sœur morte, comprit que cette nouvelle douleur pouvait être fatale à sa mère; elle essaya de se soulever pour se rendre auprès d'elle; mais ses forces la trahirent, elle retomba sur le plancher!... Le commissaire, qui venait d'arriver, fut témoin de cette scène attendrissante : le courage de cette jeune fille le toucha. Très-malade elle-même, elle faisait des efforts inouïs pour se soutenir et pour aller consoler sa mère. Emu jusqu'aux larmes, il vint à elle et la prenant sur ses bras, il la porta jusqu'aux Archives... Une fois rendues là, les trois jeunes personnes confondirent leurs larmes avec celles de leur mère; c'était tout ce qu'elles pouvaient faire actuellement.

Mais Eulalie de Terves inspirait aussi de sérieuses inquiétudes. Caroline et son autre sœur nommée Victoire s'empressèrent de lui préparer un petit lit de plumes qu'on leur avait donné. Cette petite couchette fut étendue sur un peu de paille et d'un paquet de hardes elles firent un oreiller. Pour elles toutes les deux, un peu de paille au fond d'une vieille armoire fut le lit qu'elles se choisirent, heureusement elles se portaient bien. Les deux jeunes personnes continuèrent de coucher dans cette espèce de litière, jusqu'à la fin de leur captivité, c'est-à-dire pendant près de neuf mois, et Caroline disait qu'elle y dormait très-bien. Au milieu de toutes ces misères, plusieurs femmes vendéennes se vouèrent au soin des malades; d'autres servaient les dames avec un noble désintéressement et un dévouement admirable. La femme Boiteau et la femme Poissonneau surtout, furent remarquables dans ce genre de service : elles s'oubliaient elles-mêmes, pour procurer à ces dames les choses dont elles avaient besoin. Une ancienne domestique de Mme de Terves, apprenant tous les malheurs de sa maîtresse, sut qu'elle était fort malade dans la prison, elle vint se constituer prisonnière, afin d'être auprès d'elle et de pouvoir la soigner. Cette bonne servante, en arrivant, trouva sa maîtresse étendue sur la paille, sans autre lit que le plancher : émue et suffoquée par la douleur, la pauvre paysanne ne put que joindre ses deux mains, lever les yeux au ciel et s'écrier : « Ah, pauvre dame! » et de grosses larmes tombèrent, comme malgré elle, de ses yeux.

Mais elle comprit bien vite qu'il était inutile de venir là pour pleurer. Il fallait des soins prompts et délicats pour sauver les jours de cette pauvre martyre. Il fallait à Mme de Terves un lit : on ne put lui procurer qu'un mauvais matelas qu'on étendit à terre ; la bonne servante lui donna une couverture assez chaude qu'elle avait apportée. Pour elle-même, elle se contenta de la paille de la prison.

Le mois de mars venait de finir, deux dames de Montreuil furent amenées dans la prison : leurs idées politiques et certaines relations suspectes les avaient fait arrêter : Mme Moreau et Mme Jacquet furent internées ; on les mit dans le grand château, où se trouvaient encore Mme de Bellefonds, Mme de Pissonnet et Mme de Grignon, ainsi que les paysannes vendéennes qui n'avaient pu s'évader. Mme Moreau avait une petite fille nommée Dorothée, alors âgée de huit ans. Cette petite enfant, privée de sa mère dans un âge encore si tendre, était inconsolable ; sans cesse elle demandait sa bonne maman. Un jour elle vint tout éplorée à la porte du château, pour voir sa bonne maman... les gardes, pères de famille pour la plupart, en eurent pitié et ils conduisirent la petite fille au commandant de place, qui pour elle, leva toutes les consignes et lui permit de se promener partout. Un instant après, elle embrassait sa maman. Profitant donc des amples permissions qu'elle avait reçues, Dorothée allait frapper à toutes les portes; les geôliers se faisaient un plaisir de la conduire où elle voulait aller. Alors, elle fit de nombreuses connaissances. Chacune des prisonnières aimait à la voir, ses petites conversations enfantines étaient pour elles un délassement agréable, qui rompait un instant la monotonie de leur triste prison (1). Caroline de Terves surtout, l'avait prise en affection : elle s'en fit une amie, et cette amie lui procura quelquefois de ces petites jouissances qui un instant font oublier le maheur.

Cependant Mlle Eulalie de Terves, malgré son lit de plumes, malgré les soins assidus

(1) Dorothée existe encore au moment où j'écris ces lignes, elle habite toujours Montreuil.

qu'elle recevait de ses sœurs et de la bonne servante, ne devenait point mieux. Au contraire, elle s'affaiblissait toujours; elle s'en allait à vue d'œil. Le médecin de temps en temps lui donnait une visite, mais rien de plus. Un jour il lui administra je ne sais quel remède héroïque qui la fit tomber en des convulsions horribles. Après plusieurs jours de souffrances elle succomba. Nouvelle douleur pour Mme de Terves. Pauvre mère! elle perdait la troisième de ses enfants. Il ne lui en restait plus que deux sur cinq qu'elle avait amenées avec elle à Montreuil. Sa résignation était grande, il est vrai, mais il est bien dur pour le cœur d'une mère, de voir ainsi ses enfants mourir dans une profonde misère, sans pouvoir aucunement les soulager. Une chose plus désolante encore, était, qu'elles mouraient toutes, privées des secours de la religion. De tant de malheureuses qui succombèrent dans cette prison, pas une seule ne put avoir une prière du prêtre, ni une bénédiction. Des prêtres! on n'en voyait plus à cette époque malheureuse; ils avaient pris la route de l'exil ou bien péri sur l'échafaud. Mlle

de Terves mourut aux Archives ; il y a tout lieu de croire qu'elle fut inhumée dans le cimetière de la ville, parce que son nom se trouve sur les registres de l'état-civil.

Alors le typhus avait cessé, les malades étaient beaucoup moins nombreuses et les décès plus rares que par le passé, grâce aux améliorations introduites par le jeune commissaire ; on le savait parfaitement. L'administration fut toujours extrêmement sévère, mais il était permis d'acheter au dehors. Les prisonnières dépensèrent d'abord le peu d'argent qu'elles avaient apporté avec elles ; lorsque cet argent fut épuisé, elles vendirent leurs anneaux et leurs pendants d'oreilles, pour se procurer les objets de première nécessité. Jamais on ne voulut accorder, ni les lits, ni le feu, même pour les malades. On faisait chauffer les tisannes et les autres remèdes chez le geôlier.

Les prisonnières, au nombre de cinquante environ, subissaient toujours le même régime, toujours les verroux, toujours nourries du mauvais pain de munition. Mais les habitants de Montreuil, rassurés par l'énergie du commissaire Estienvrin, se montraient pleins de bienveillance envers les malheureuses captives. Ne pouvant les aller voir, on leur faisait passer différentes choses qui pouvaient leur être agréables : telles que des débris de volailles cuites, des confitures pour les malades et même des fleurs. Quelquefois la petite Dorothée venait à la prison toute chargée de bouquets de violettes, qu'elle distribuait dans les diverses chambres. Caroline disait que jamais elle ne fut aussi bien fleurie. On oubliait que la France se trouvait encore sous le règne de Robespierre et que l'on pouvait se faire couper la tête pour un poulet rôti porté dans la prison.

Un jour, Caroline de Terves reçut un petit serin avec sa cage, et même une serinette, pour lui apprendre à chanter. Caroline enchantée, serinait tous les jours son petit élève, sur tous les tons; mais la pauvre bestiole ne chantait pas du tout. On eut dit que se voyant aussi captive, elle ne pouvait se réjouir. Les leçons continuèrent pendant plusieurs mois sans que le serin fit entendre autre chose qu'un petit cri plaintif, qui n'était rien moins que réjouissant.

La servante de Mme de Terves redoublait de soins auprès de sa maîtresse ; la mort de sa fille l'avait cruellement affectée : il y avait lieu de craindre que cette nouvelle douleur ne vînt aggraver son état. Déjà si faible et si souffrante, il lui fallait les plus grands ménagements.

Trois mois se passèrent ainsi, sans autre incident remarquable. Les malades revenaient peu à peu à une santé meilleure. Il y eut bien encore quelque décès, mais en petit nombre, parmi les paysannes de la Vendée. Il y eut aussi des évasions, mais elles étaient peu nombreuses et de loin en loin. Les commissaires ne s'en mirent pas en peine; ils s'avaient que toutes ces malheureuses femmes étaient peu dangereuses; qu'elles étaient victimes d'une persécution injuste : puis le pouvoir de Robespierre chancelait déjà sur sa base inondée de sang. Cette tyrannie horrible était détestée de tout le monde ; le règne de la violence ne pouvait pas durer.

En effet, vers la fin de juillet, le tyran tomba, les prisons s'ouvrirent ; la mort de ce scélérat causa une joie universelle dans toute la France ; les républicains, eux-mêmes, étaient las de ce pouvoir abhorré. A Montreuil, on mit en liberté les prisonnières qui s'y trouvaient encore : excepté toutefois les dames nobles, qui furent retenues, on ne sait trop pourquoi. Elles étaient en petit nombre, il est vrai, Mme de Terves, avec ses deux filles et les trois autres dames que nous avons nommées. Mais elles eurent une liberté plus grande : elles pouvaient sortir pendant le jour, accompagnées d'un soldat, qui les suivait partout armé d'une pique; mais qui ne les empêchait point d'aller où bon leur semblait. Le soir, elles rentraient sous les verroux. Mme de Terves ne sortait jamais ; son état maladif l'obligeait à garder la chambre et souvent même le lit. Mais ses deux filles se promenaient avec les autres dames. Tout le monde les accueillait avec une bienveillance extrême; les dames des environs se les disputaient littéralement. Caroline de Terves disait qu'elles allaient quelquefois jusqu'à une demi-lieue de la ville, accompagnées du soldat. Les temps étaient changés, mais ce n'était pas encore la liberté entière; on passait la nuit sur la paille, toujours dans la prison.

Sur ces entrefaites, c'est-à-dire après la mort de Robespierre, M. Estienvrin, le jeune commissaire de la prison, voulut se choisir une compagne. Les temps étaient devenus meilleurs, une ère nouvelle semblait se lever sur la France; il crut l'occasion favorable, il voulut en profiter. Une jeune personne surtout avait acquis son estime : c'était une prisonnière. Il l'avait vue, dans bien des circonstances, aux prises avec la douleur. Son courage, sa résignation, son caractère aimable au milieu des souffrances et surtout sa tendre affection pour sa mère, l'avaient touché plus d'une fois. Cette jeune personne était Mlle Caroline de Terves. Les prétentions du jeune homme étaient un peu hautes; mais il était jeune, riche et d'une famille respectable, tandis que Caroline était prisonnière encore et sa famille persécutée. Après avoir consulté ses parents, une démarche fut faite auprès de Mme de Terves, par une personne respectable et qui la connaissait. Cette démarche, faite d'une manière très-convenable et à l'insu de Caroline, mit Mme de Terves dans un extrême embarras. Comment faire ? Sûre de sa fille, qui ne l'avait jamais quittée un instant, elle savait que la pauvre enfant n'était pour rien dans cette tentative. D'un autre côté, le jeune commissaire s'était toujours montré très-respectueux à leur égard. De plus, M. Estienvrin était leur bienfaiteur ! Sans lui, certainement, elles auraient péri par la guillotine ou d'une autre manière. C'était à lui qu'on devait les petits adoucissements introduits dans la prison, souvent même au péril de sa vie. Comment refuser un pareil personnage ? Il était encore leur commissaire : elles étaient encore dans la prison. Cependant Mme de Terves refusa : elle ne put consentir à une mésalliance, même dans les circonstances actuelles ; la liberté lui était moins chère que sa noblesse. Elle était prête encore à faire tous les sacrifice qui se présenteraient, comme elle avait su faire ceux qui lui étaient survenus jusque là. On insista à plusieurs reprises, mais toujours en vain. Ce qu'il y eut de remarquable dans cette circonstance, c'est que les démarches furent faites avec tant de délicatesse que jamais Caroline n'en sut rien.

On s'attendait qu'après un refus semblable, le commissaire mécontent, deviendrait moins favorable aux prisonnières. Il n'en fut rien. Seulement, les dames de Terves le virent moins souvent, les permissions accordées restèrent. Il n'y avait plus de garde au château que pour la forme; les dames passaient toute la journée dehors : le soir elle rentraient comme chez elles, chacune dans la chambre qu'elle occupait.

Ce genre de vie dura deux mois encore. Dans les premiers jours d'octobre, un matin, les commissaires vinrent tous ensemble, avec le maire de la commune, annoncer aux prisonnières qu'elles étaient libres. On leur ouvrit les portes, la garde se retira et toutes les dames sortirent, après onze mois de captivité.

Saumur, imp. de P. GODET.—(500-5)

www.ingramcontent.com/pod-product-compliance
Ingram Content Group UK Ltd.
Pitfield, Milton Keynes, MK11 3LW, UK
UKHW012052240726
13965UKWH00003B/1231

9 782013 044257